AF310699

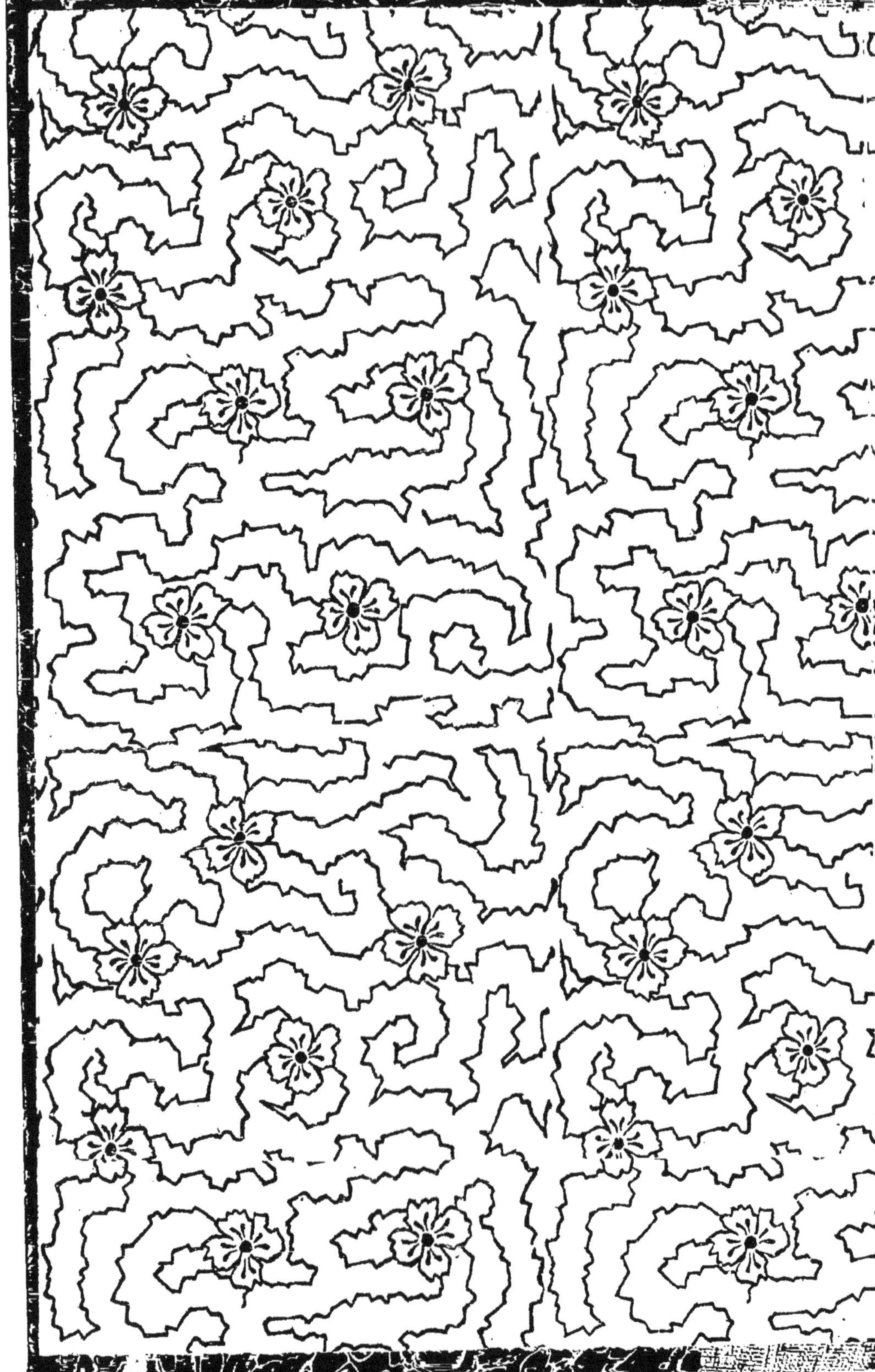

ÉLECTION

DE

M. H. BOULEY

A LA PRÉSIDENCE

DE

L'ACADÉMIE DES SCIENCES

Fête du 26 Janvier 1884.

Médaille commémorative.

PARIS

ASSELIN ET HOUZEAU

LIBRAIRES DE LA FACULTÉ DE MÉDECINE ET DE LA SOCIÉTÉ CENTRALE
DE MÉDECINE VÉTÉRINAIRE
Place de l'Ecole-de-Médecine.

1885

ÉLECTION

DE

M. H. BOULEY

A LA PRÉSIDENCE

DE

L'ACADÉMIE DES SCIENCES

ÉLECTION

DE

M. H. BOULEY

A LA PRÉSIDENCE

DE

L'ACADÉMIE DES SCIENCES

Fête du 26 Janvier 1884.

Médaille commémorative.

PARIS

ASSELIN ET HOUZEAU

LIBRAIRES DE LA FACULTÉ DE MÉDECINE ET DE LA SOCIÉTÉ CENTRALE
DE MÉDECINE VÉTÉRINAIRE
Place de l'École-de-Médecine.

1885

ÉLECTION DE M. H. BOULEY

A LA PRÉSIDENCE

DE L'ACADÉMIE DES SCIENCES

La date du 7 janvier 1884 doit être inscrite en lettres d'or dans les Annales de notre profession; c'est à cette date, en effet, que notre Maître, M. Henri Bouley, a été nommé, par le suffrage de ses collègues, Président de l'Académie des Sciences. Cette distinction, la plus grande qu'un savant puisse ambitionner, a été accordée à un vétérinaire! Lorsqu'il y a cent ans à peine, Bourgelat, délaissant les sentiers battus de la routine et de l'empirisme le plus grossier, jetait les bases d'un nouvel enseignement fondé sur la science et l'observation, bien téméraire eût été celui qui aurait osé prédire une si haute destinée à l'un des élèves futurs de cette Ecole naissante. Et cependant, le temps a marché.

La médecine des animaux, si jeune encore, a prêté son concours puissant à la médecine de l'homme, et nous pouvons compter aujourd'hui plusieurs des nôtres parmi les plus illustres représentants de la physiologie, de la pathologie et des différentes branches de la science médicale. Ne sont-ce pas les vétérinaires qui, des premiers, se sont associés aux travaux de M. Pasteur? Et, avant tous, M. Bouley n'a-t-il pas, pressentant les miracles que devait enfanter la méthode nouvelle, prêté l'appui de sa plume éloquente, l'enthousiasme de sa parole chaude et vibrante à la propagation de cette doctrine, méconnue et attaquée avec acharnement par un grand nombre de médecins de l'homme? Il fut, on peut le dire, un ouvrier de la première heure.

Aussi, son élévation à la Présidence de la

première Société scientifique, accueillie avec la plus grande sympathie dans le monde savant, a-t-elle été acclamée avec enthousiasme par tous les vétérinaires de France et de l'Etranger.

La pensée de célébrer ce glorieux évènement par un banquet s'est aussitôt manifestée, et une commission s'est constituée, composée de membres du corps enseignant, de vétérinaires militaires, de vétérinaires de Paris et de la banlieue. Cette manifestation ayant dû, pour conserver son à-propos, suivre de très près l'élection de notre Maître, nous n'avons pu, ainsi que nous l'aurions désiré, adresser un appel à tous nos confrères de France. Seuls, les vétérinaires civils et militaires de la Seine, de Seine-et-Oise et de Seine-et-Marne, avaient été convoqués.

Répondant à notre convocation, cent cinquante convives se trouvaient réunis, le 26 janvier 1884, dans les salons du Grand-Hôtel.

M. Pasteur avait bien voulu accepter la présidence de la réunion. Avaient pris place à ses côtés : le héros de la fête, M. H. Bouley ; M. Nocard, associé au triomphe du Maître par la part glorieuse qu'il a prise récemment à la mission du choléra en Egypte ; M. Leblond représentant le Ministère de l'Agriculture ; M. Tisserand s'était excusé pour cause d'indisposition. Puis venaient : M. Léon Renault qui, par son origine, appartient à notre grande famille vétérinaire ; notre sympathique confrère, M. Bernard, député du Nord ; M. Valery Radot, le docteur Meuriot, le docteur Raymond, ancien chef de service d'Alfort et agrégé de la Faculté, les membres du corps enseignant, des vétérinaires militaires en grand nombre, des vétérinaires civils de Paris et des départements voisins, et enfin les deux premiers élèves de chaque cours de l'École d'Alfort.

Il serait difficile de décrire cette fête de famille à laquelle la belle salle du Zodiaque prêtait un cadre merveilleux. Chacun était heureux de presser des mains amies, d'évoquer les souvenirs du passé, pour quelques-uns déjà lointains, et de goûter pendant quelques heures cette bonne camaraderie qui laisse dans les cœurs son ineffaçable empreinte.

Au dessert, M. Pasteur s'est levé et a pris la parole en ces termes :

Mon Cher Confrère,

A la nouvelle de votre élection au fauteuil de la présidence de l'Académie des Sciences, la médecine vétérinaire a voulu affirmer, en vous offrant ce banquet, son sentiment de légitime orgueil professionnel et son sentiment de reconnaissance personnelle.

Est-ce moi qu'on devait choisir, moi qui ne suis ni médecin, ni vétérinaire, pour vous adresser dans une telle circonstance l'expression de la pensée générale? Je ne sais, mais j'ai accepté avec empressement et avec joie l'occasion de dire bien haut l'estime et l'amitié qui nous unissent, mon Cher Confrère, et d'associer mon nom à une pensée de progrès.

Il y a un siècle, Messieurs, vous n'aviez dans le monde scientifique qu'une situation modeste. En 1775, au moment où Bourgelat venait d'écrire son mémoire *sur les maladies contagieuses du bétail*, Voltaire lui écrivait : « J'étais étonné qu'avant vous les bêtes à cornes ne fussent que du ressort du boucher et que les chevaux n'eussent pour leurs Hippocrates que des maréchaux ferrants. Les vrais secours manquaient dans tous les pays civilisés.

« Vous avez seul mis fin à cet opprobre si pernicieux. »

Ainsi, Messieurs, tandis que la médecine humaine avait conquis ses lettres de noblesse depuis le commencement du monde civilisé, vous n'étiez encore, en plein XVIII⁰ siècle, que des maréchaux ferrants. C'était au temps, d'ailleurs, où l'on regardait un peu les chirurgiens comme des barbiers et des rebouteurs.

Nous sommes loin de ces appréciations ; aujourd'hui, dans vos rangs, on cite des noms célèbres. Et voilà que l'un de vous est élevé à la présidence de la première Compagnie du monde. Ce n'est que justice, car il a plus que tout autre contribué au progrès que vous fêtez en sa personne. Son éloquence familière, sa netteté d'écrivain, son zèle infatigable ont fait de lui un conquérant par la parole et par le livre ; il a attiré à lui une foule de disciples. La doctrine de la microbie lui doit d'être répandue parmi vous et approuvée par tous ceux qui ont le souci de la grandeur et de l'avenir de la science.

Honneur à M. Bouley et honneur aussi à l'initiative du corps vétérinaire !

Cette allocution a été accueillie par les plus chaleureux applaudissements.

Après M. Pasteur, M. Léon Renault, député des Alpes-Maritimes, a prononcé avec une émotion bien communicative, les paroles éloquentes que l'on va lire :

Mon Cher Ami,

J'ai déjà des cheveux bien grisonnants — et cependant quand, tout à l'heure, je suis venu au devant de vous, les mains tendues, au seuil de cette réunion, vous m'avez accueilli en m'appelant, par une habitude que je trouve pleine de douceur et qui n'est pas sans m'inspirer une certaine fierté, « mon cher enfant ! »

Vous me reportiez par cette simple parole à bien des années en arrière et dans un monde que la cruelle mort a aujourd'hui entièrement détruit. Je ne puis m'empêcher de songer à la joie et à l'orgueil qui y auraient éclaté, qui se seraient exprimés à vous par les témoignages les mieux faits pour charmer votre cœur, à la nouvelle de votre nomination comme Président de l'Académie des Sciences, la plus vivante, la plus moderne des grandes sections de l'Institut. Avec quelle émotion votre vieux père, ce modèle le plus achevé qui puisse être proposé à l'admiration des vétérinaires praticiens ; avec quelle pleine satisfaction de ses espérances, égalées sinon surpassées, votre mère, la plus délicieuse des femmes que j'aie connues, vous auraient serré dans leurs bras. Permettez-moi de placer à côté d'eux, au premier rang de ceux dont l'âme aurait tressailli d'allégresse, mon père, celui que vous appeliez : votre maître, — et qui avait tant d'affection pour vous, tant de confiance en vous. Il n'aurait pas applaudi seulement au succès d'Henri Bouley. Sa haute conscience, étrangère à tous les sentiments personnels, aurait vu surtout dans votre triomphe mérité, l'avènement de la profession vétérinaire à cette vie supérieure, en pleine lumière de la science, qu'il rêvait, qu'il voulait pour elle, dont il préparait l'heure par ses travaux comme par son exemple.

Quand nous avons eu, vous et moi, la douleur de le perdre, vous savez que, au moment de disparaître, sur ce champ de bataille de la science où vient de combattre si vaillamment le jeune professeur, assis à vos côtés, M. Nocard, que l'admiration publique et la reconnaissance du Gouvernement ne séparent pas de Thuillier, tombé à côté de lui sur la terre d'Egypte, son grand souci était l'avenir de cette cause de la profession vétérinaire dont il avait fait la sienne et qu'il n'a oubliée à aucune heure de sa vie. — Si ceux qui ne sont plus ont encore le sentiment de l'impression de ce qui s'accomplit sur notre terre, mon père doit, à cette heure, éprouver une noble joie, une joie digne de lui, en voyant que le drapeau et le soc que ses mains défaillantes ont dû laisser, n'ont point été abandonnés —

que le drapeau a été porté plus haut et le soc enfoncé plus profondément.

C'est au nom de tous ceux qui ne sont plus ici pour vous féliciter que je vous porte ce toast.

Je ne puis pas vous parler de ce que vous avez fait pour monter à cette cime du monde scientifique où vous êtes parvenu. Vos travaux viennent d'être résumés et loués par un homme auquel aucune voix particulière n'est assez autorisée pour adresser un éloge — car c'est la voix de la patrie elle-même qui, dans la forme d'une loi solennelle, a déclaré qu'il avait bien mérité de la France, en lui donnant, par ses découvertes, le premier rang dans l'univers intellectuel, en même temps qu'il l'armait, par les applications les plus ingénieuses et les plus pratiques des principes qu'il avait su mettre en lumière, contre les fléaux redoutables qui menaçaient la vie de ses enfants et la richesse de ses campagnes.

M. Pasteur vous disait tout à l'heure que vous aviez réalisé, dans votre vie scientifique, l'alliance et comme la confusion de l'art vétérinaire et de la médecine, que vous aviez contribué à l'établissement de cette vérité chaque jour plus évidente : que la science est une, et qu'aucune de ses branches ne peut porter ses fleurs et ses fruits qu'à la condition que toutes aboutissent au même tronc et se nourrissent de la même sève.

Il avait bien qualité pour vous parler ainsi, le savant illustre dont la vie s'est acheminée des laboratoires de la chimie à ceux de la physiologie, et que ses études sur la cristallographie ont conduit au monde des microbes, en traversant, comme fait un rayon de soleil, les champs jusque-là si obscurs de la fermentation.

Cette union de la médecine et de l'art vétérinaire qui s'est accomplie dans votre cerveau, elle s'était produite à l'avance, en quelque

sorte, dans votre famille. Vous ne me pardon-
neriez pas de ne pas le dire et de ne pas rappeler ici le nom de votre frère, de celui que
nous appelions « le docteur », cet homme
qui voilait sous tant de modestie de si écla-
tantes lumières, et qui unissait à la plus vaste
des éruditions la spontanéité et la souplesse
la plus extraordinaire dans le diagnostic des
maladies. Vous savez comme sa mémoire est
fidèlement gardée dans cette cohorte de jeunes
médecins, les membres du bureau central, les
professeurs agrégés d'aujourd'hui, qui se dis-
putaient autrefois les places d'externe et d'in-
terne dans son service à Necker. Près de vingt
ans se sont déjà passés depuis que sa voix s'est
tue, et cependant ses leçons ont gardé toute
leur fraîche saveur et leur puissance de vérité
dans l'esprit de ceux qui ont eu le bonheur de
les suivre.

Il a eu comme vous, mon cher Bouley, et il
a gardé jusqu'à la dernière heure ce don pré-

cieux entre tous, que j'appellerai « la jeunesse de l'esprit » : je veux parler du don d'apprendre, de grandir et de se transformer par la constante assimilation de toutes ces parties de la vérité qui se découvrent, les unes après les autres, aux efforts de l'intelligence humaine et dont la réunion, comme celle des rayons du prisme, constitue la lumière.

C'est cette faculté que, pour ma part, je prise en vous par-dessus toutes les autres; c'est elle qui vous a conduit de la chaire de clinique d'Alfort à celle du Muséum où les suffrages des professeurs du Muséum et ceux de vos confrères de l'Académie des sciences vous avaient appelé à remplacer le grand Claude Bernard et qui, de la Société de médecine vétérinaire, vous a fait monter à l'Académie de médecine, à l'Institut et à votre Présidence d'aujourd'hui.

Me tournant vers tous les vétérinaires qui sont ici et de préférence vers les plus jeunes

d'entre eux, cherchant à dégager les sentiments qu'ils éprouvent et à me rendre compte
de ce qu'ils applaudissent en vous, il me
semble que j'y aperçois des impressions qu'il
est bon de noter au passage.

Votre élévation à la Présidence de l'Académie des sciences, elle n'est pas seulement la
récompense d'une vie supérieure, d'un mérite
hors pair, elle est aussi un signe des temps :
elle vient, comme une preuve de plus, s'ajouter à la démonstration qui jaillit de tout le
mouvement qui s'accomplit autour de nous;
elle témoigne que les vieux cadres dans les-
quels la société française a si longtemps en-
fermé les élans et les conquêtes du travail de
chacun de ses enfants sont irrémédiablement
brisés ; que tous les ruisseaux d'autrefois ten-
dent de plus en plus à se confondre en un
fleuve unique et que, de nos jours, cette loi
supérieure de justice qu'on nomme l'égalité,
égalité entre les professions, égalité entre les

hommes, sans aucune autre distinction que celle qui résulte de la supériorité morale et intellectuelle et de la réalité des services rendus, est définitivement entrée dans le code de l'humanité.

Je répondrai, je crois, à votre pensée et à votre sentiment en confondant dans un même toast votre personne que nous aimons et la profession vétérinaire dont vous êtes l'orgueil et l'exemple.

Après cette chaleureuse improvisation à laquelle l'auditoire a répondu par ses acclamations, M. le professeur Saunier a prononcé le toast suivant au nom de ses collègues d'Alfort, M. Goubaux s'étant trouvé empêché, par un accident, de prendre part à cette fête :

MESSIEURS,

Il y a seize ans, dans ce lieu même, nous fêtions l'élection récente de M. l'inspecteur général Bouley à l'Académie des Sciences.

A cette époque nous n'aurions osé espérer que, dans un délai relativement restreint, un des membres de nos Écoles vétérinaires atteindrait le sommet le plus élevé et peut-être aussi le plus ardu de la carrière scientifique d'un homme.

L'honneur sans précédent qui vient d'être fait à notre chef, élevé par ses pairs à la Présidence de la plus illustre des Compagnies savantes du monde, est, pour la profession et pour les Écoles vétérinaires françaises, un titre dont elles ont droit d'être fières et qui restera dans leurs fastes le témoignage le plus éclatant de la valeur et de la considération dont jouit le plus glorieux de leurs membres.

Nous devons être heureux, Messieurs, de cet avènement, le plus considérable et le plus flatteur que nos Écoles aient vu se produire ; et nous ne faisons qu'exprimer un fait incontestable et qui ne saurait être contesté en disant que notre profession ne peut que s'enorgueillir du nouveau titre de gloire que vient de conquérir le maître le plus éminent et le plus autorisé qu'elle ait jamais eu à sa tête.

Au nom de l'École d'Alfort, je porte un toast à M. l'inspecteur général Bouley, président de l'Académie des Sciences (*Applaudissements*).

M. Capon, vétérinaire principal de première classe, a pris la parole après M. Saunier, au nom des vétérinaires militaires et s'est exprimé en ces termes :

Messieurs,

Interprète des sentiments des vétérinaires militaires, je viens, en leur nom et au mien, dire au nouveau président de l'Institut, M. H. Bouley, notre savant maître, combien nous sommes heureux de l'éclatante distinction dont il est l'objet, distinction qui honore à un si haut degré la famille vétérinaire.

Je saisis maintenant avec bonheur cette circonstance mémorable pour exprimer à l'illustre M. Pasteur tout l'attachement et toute l'admiration qu'ont pour lui les vétérinaires de l'armée. Nous sommes avec vous, Monsieur Pasteur, et nous vous suivrons toujours avec une heureuse anxiété dans la voie des découvertes que vous poursuivez sans trêve avec tant de dévouement et dont les résultats sont si précieux pour la science et les intérêts de notre cher pays.

Le corps des vétérinaires militaires adresse ses plus chaleureuses félicitations à notre jeune et distingué confrère M. Nocard, au sujet de sa nomination au grade de chevalier de la Légion d'honneur, juste récompense de ses talents scientifiques et du dévouement qu'il a montré dans la mission si périlleuse qu'il vient de remplir en Egypte. (*Applaudissements.*)

M. Gayot, ancien directeur des haras,

devait prendre la parole, comme doyen des vétérinaires civils, mais son état de santé l'ayant empêché de se rendre à la réunion, M. Bernard, député du Nord, l'a remplacé et a porté le toast suivant :

Messieurs,

Je prends la parole au nom des vétérinaires civils pour témoigner à M. Bouley tous nos sentiments d'admiration sur la manière dont il a su faire respecter la médecine vétérinaire. Messieurs, je bois à la santé de M. Bouley. — (*Applaudissements.*)

M. Bouley a répondu par les paroles suivantes, aux différents toasts qui venaient de lui être portés :

Messieurs, ou, pour mieux dire, Chers Confrères, et, encore mieux, Chers Amis, ne vous étonnez pas si, sous le coup de l'émotion que j'éprouve, je ne suis pas en complète

possession de moi-même. Tous ces témoignages qui viennent de m'être adressés, de
sentiments qui m'honorent et me touchent à
un aussi haut point, ne me laissent pas la
liberté de mon esprit. Il faut d'abord que je
leur réponde et je vais y tâcher.

C'est d'abord au cher, à l'illustre maître
qui nous fait l'honneur de présider ce banquet que je dois m'adresser.

Il y a quelques jours, M. Weber, qui a
présidé à l'organisation de cette belle fête,
est venu me faire part de l'intention qui avait
été exprimée par un grand nombre de mes
confrères, de consacrer, par une manifestation collective, l'avènement à la Présidence
de l'Académie des Sciences d'un membre de
la profession vétérinaire : « Deux avis se sont
produits, me disait-il ; on pourrait vous offrir
un objet d'art, ou vous inviter à un banquet
où vos confrères seraient heureux de se
réunir pour applaudir à votre élection. Que

préférez - vous ? » J'avoue que j'inclinais d'abord vers l'objet d'art, témoignage durable qui perpétue dans la famille le souvenir de l'évènement qui en a motivé la donation. D'autre part, le banquet avait l'avantage de permettre à un grand nombre de prendre, en personne, part à la manifestation qu'on se proposait de faire. Je demeurai indécis et laissai à M. Weber le soin de résoudre cette question, de la manière qui lui paraîtrait le mieux correspondre au sentiment le plus général.

Comme j'étais mal inspiré, Messieurs, lorsque je me laissais aller à donner la préférence à un objet d'art! Y a-t-il quelque chose qui puisse être placé au-dessus de ces deux pages tracées par la main de M. Pasteur et qu'il vient de nous lire? Ce témoignage d'estime et d'amitié qu'il vient de me donner publiquement, cette part qu'il a bien voulu me faire dans ce grand mouvement de progrès, qui procède de ses magnifiques découvertes, à quoi rien n'est comparable dans les choses de la médecine; ce toast d'honneur qu'il vient de porter à l'initiative du corps vétérinaire, dont les membres ont été, en si grand nombre, les coopérateurs actifs de M. Pasteur et les propagateurs de la grande doctrine de la microbie, qui finira, quand même et malgré toutes les résistances, par subjuguer tous les esprits : est-ce que tout cela ne réalise pas l'*Ære perennius* du poète? Est-ce que nous ne venons pas d'acquérir, nous aussi, signées de la main du Maître, nos lettres de noblesse? Est-ce que, en nous associant à son œuvre, il ne nous emporte pas avec lui dans sa gloire et son immortalité?

Un souvenir me revient ici, qu'il me plaît de rappeler, car il va me permettre de vous faire connaître le sentiment d'un grand Maître sur la grandeur de l'œuvre que M. Pasteur a accomplie. Lorsque la Société des agriculteurs de France voulut témoigner à M. Pasteur sa reconnaissance pour les services qu'il avait rendus à l'agriculture, elle lui vota une médaille d'honneur qui lui fut offerte dans la première séance de la session de 1881, ouverte le 21 février, et elle me confia l'honorable mission de faire devant elle l'exposé de celles de ses découvertes qui ont le plus profité aux intérêts agricoles. M. Dumas qui devait assister à cette séance, en ayant été empêché par ses devoirs de secrétaire perpétuel de l'Académie des Sciences, m'écrivit, pour motiver son absence forcée, une lettre que j'ai placée en tête de mon rapport. Le lundi suivant, comme je disais à M. Dumas que, grâce à sa lettre, j'étais maintenant sûr d'avoir une petite part d'immortalité : « Tenez, me répondit-il, en me montrant M. Pasteur qui marchait devant nous : voilà celui qui nous y conduit tous les deux ».

Si M. Dumas, dont l'œuvre scientifique est

si grande dit cela de M. Pasteur, combien doit grandir notre fierté de l'honneur que M. Pasteur vient de nous faire en nous associant à son œuvre. Eh bien ! oui, c'est une gloire pour la médecine vétérinaire que la grande part qu'elle a prise à la propagation de la *Science nouvelle*. Elle a pu plus facilement que la médecine de l'homme, se dépouiller des vieilles doctrines parce qu'elle n'en était pas si fortement enchaînée. Pour ma part, je le confesse, ce n'est pas de prime-saut que je me suis rendu. Mais mon admission dans les rangs de l'Académie des Sciences m'ayant donné l'heureuse faveur d'être en rapport avec M. Pasteur, d'assister à ses démonstrations, de me convaincre de la certitude de ses résultats et enfin de m'imprégner de son esprit, je ne tardai pas — pardonnez-moi le cliché dont je vais me servir, mais il rend bien ce que je veux dire — je ne tardai pas à trouver « mon chemin de Damas » et je fus converti par l'éclatante vérité que M. Pasteur faisait luire devant tous les yeux. Aussi lorsqu'il vint annoncer aux Académies qu'il avait fait la merveilleuse découverte de l'atténuation d'un virus mortel, le plus mortel peut-être — celui du choléra des poules — et qu'il avait réussi à le transformer en vaccin, je vis apparaître « une aube rayonnante », celle d'une ère nouvelle et je n'hésitai pas à la prophétiser dans le dîner de la *Presse scientifique* qui eut lieu dans la semaine même où cette grande nouvelle fut annoncée au monde savant. Sans doute qu'elle a rencontré d'abord les résistances qu'opposent toujours aux idées nouvelles le doute, l'incrédulité, les *sièges faits,* la prise de possession des esprits par des idées auxquelles ils se sont adaptés et avec lesquelles il leur répugne de rompre. Que dis-je? Aujourd'hui même encore, ces résistances ne sont pas surmontées, et elles viennent de se manifester avec éclat dans les chaires de la Faculté de Paris. Mais ce sont là des efforts impuissants; l'avenir est aux jeunes et nous avons ici comme représentant de cette Faculté l'un de ses jeunes agrégés, qui est des nôtres par sa première éducation médicale puisqu'après avoir fait ses études à Alfort, il y a été ensuite attaché comme chef de service. Vous avez reconnu notre confrère Raymond, qui ne suit pas, soyez-en sûrs, de pareils errements.

En rappelant, tout à l'heure, nos humbles origines, M. Pasteur nous a fait connaître une particularité bien intéressante; c'est la consécration donnée par le grand Voltaire à l'œuvre naissante de notre Bourgelat. Voltaire était un grand esprit, qui comprenait tous les progrès et il avait pressenti tout ce qu'il y avait de fécond dans les institutions que Bourgelat venait de fonder. De fait, ces institutions avaient assez fait leur preuve au bout de vingt ans, pour que la Convention nationale, qui eut toutes les grandeurs, n'ait pas hésité, quand elle fonda l'Institut national des Sciences et des Arts par la loi du 15 octobre 1795 (3 Brumaire an IV) à faire une place à *l'art vétérinaire* à côté de l'économie rurale dans l'une des dix sections que comprenait la première classe de l'Institut, la *Classe des sciences physiques et mathématiques*, qui était destinée à succéder à l'ancienne Académie des Sciences, supprimée avec les autres Académies en 1793.

La Convention avait compris que, tout embryonnaire que fût encore cette science que les écoles de Bourgelat avaient pour mission de constituer et d'enseigner, elle devait être inscrite dans la Classe où toutes les sciences se trouvaient assemblées. Ce fut à Huzard père, vétérinaire à Paris, et plus tard inspecteur des Écoles vétérinaires, que fut dévolu l'honneur d'en être le représentant dans ce grand cénacle que l'Institut de France devait constituer.

Cette idée de la Convention d'ouvrir les portes de l'Institut à cet art vétérinaire dont la constitution scientifique ne datait que de vingt ans, fut sans doute considérée comme trop libérale par le gouvernement de la Restauration, car, lorsqu'en 1816, Louis XVIII rétablit les Académies, que les Classes de 1795 avaient remplacées, les mots « art vétérinaire » qui figuraient dans la loi constitutive de l'Institut furent effacés. La section dans laquelle l'art vétérinaire avait été compris et nominativement désigné, n'eut plus d'autre titre que celui de « Économie rurale ». Il me paraît bien probable que cette suppression fut intentionnelle et le résultat d'une fausse appréciation de la nature des choses. On ne vit, sans doute, dans l'art vétérinaire que l'art des maréchaux-ferrants et l'on ne jugea pas qu'il fût digne d'occuper dans le groupe des sciences la place que la Convention lui avait assignée. Ce n'était là qu'un préjugé que le temps, ou, pour mieux dire, les progrès de ce qui est devenu la *Science vétérinaire* ne pouvaient manquer de faire disparaître.

Heureusement, Messieurs, qu'à la force souvent lente des choses est venue se joindre celle d'un membre de la section d'Économie rurale, qui, à la mort de Rayer, prit en mains la cause de la science vétérinaire et se donna pour mission de la réintégrer dans cette section. L'homme à qui nous devons ce grand service est M. le baron Thenard, un chimiste. Vous voyez, Messieurs, que nous avons quelque chance avec les chimistes. C'est un chimiste aussi, le maître illustre qui nous fait l'honneur de présider cette séance; ce n'est même « qu'un chimiste », comme on le lui a dit dans une discussion célèbre de l'Académie de médecine, en exprimant le regret que cette Académie lui ait ouvert ses rangs. Grosse faute, en effet, Messieurs, car il se trouve que ce chimiste, tout chimiste qu'il soit, est devenu, par ses découvertes, l'un des plus grands promoteurs dont la médecine ait jamais éprouvé l'impulsion ! Une ère nouvelle vient de s'ouvrir pour elle et cette ère portera son nom.

Je reviens au grand service que nous a rendu notre ami le baron Thenard, lorsqu'il s'est agi de nommer un successeur à Rayer dans la section d'Économie rurale de l'Académie des Sciences. En sa qualité d'agriculteur, M. Thenard savait les progrès que la médecine vétérinaire avait accomplis et il avait été fortement frappé du service signalé que son intervention venait de rendre au pays, au moment où la peste bovine était à nos portes, en 1866, et faisait de si grands ravages dans deux pays voisins. Il pensa que l'heure était venue de lui rouvrir les portes de l'Institut et de lui rendre sa place dans la section de l'Académie des Sciences où la Convention l'avait marquée. Une fois cette idée

conçue, M. Thenard s'attacha à la faire prévaloir avec cette force de volonté que donne
la foi dans la bonté de la cause que l'on
défend; et c'est à lui, Messieurs, à l'obstina-
tion si généreuse avec laquelle il nous a sou-
tenus, que nous devons d'avoir aujourd'hui
un représentant de la médecine vétérinaire
dans les rangs de l'Académie des Sciences.
Dans un jour comme celui-ci, ma pensée s'est
reportée naturellement vers lui et je suis
heureux de lui exprimer notre reconnaissance
commune et de lui en envoyer d'ici le témoignage, que son fils, présent parmi nous, se
chargera de lui transmettre.

Je veux maintenant remercier mon ami
Léon Renault de tout ce qu'il vient de me dire
avec une chaleur si émouvante; ces souvenirs
si chers du passé qu'il vient d'évoquer me
touchent profondément et je lui suis recon-
naissant d'avoir associé à cet événement d'aujourd'hui tous les miens, qui l'ont si fortement

préparé par leur exemple et par leurs conseils. Une part, une grande part, en revient aussi à son père. Tout à l'heure, l'un des représentants de la médecine vétérinaire militaire, mon ami et ancien élève Capon, m'adressait, au nom de ses confrères de l'armée, l'expression des sentiments de satisfaction que leur avait fait éprouver l'élection que vous fêtez aujourd'hui. J'ai la forte espérance qu'elle ne sera pas sans influence sur le succès des démarches que M. Bernard, député du Nord, qui est des nôtres, et moi, nous faisons de concert, en ce moment, pour faire prendre à nos confrères de l'armée, dans la hiérarchie militaire, la place à laquelle ils ont droit par leur instruction générale et professionnelle, par la dignité de leur conduite et par les services qu'ils rendent. Mais nous ne devons pas oublier que si les vétérinaires de l'armée qui, dans le premier tiers de ce siècle, étaient relégués dans les rangs inférieurs de la hiérarchie, ont aujourd'hui le grade et la possession d'état d'officier, c'est à M. Renault père qu'ils le doivent. Il n'a pas consacré moins de vingt années d'efforts au succès de cette cause difficile à gagner, car elle avait contre elle bien des préjugés, et les raisons apparentes que l'on pouvait invoquer, en se fondant sur l'insuffisance de l'instruction première des élèves de nos Écoles. M. Renault a tout surmonté par sa persévérance et ce lui est un grand titre à la reconnaissance de la profession vétérinaire. Mais d'autres lui sont acquis encore ; scientifiquement il a été un grand promoteur de ses progrès, et c'est par l'expérimentation qu'il s'est efforcé de les réaliser. M. Renault père a été, parmi nous, l'un des maîtres de la méthode expérimentale, et M. Pasteur, si bon juge en cette matière, a porté de lui ce témoignage que je suis heureux de rendre public comme un hommage à sa mémoire, que ses travaux d'expérimentation portaient l'empreinte d'un bon esprit.

A nos collègues d'Alfort, dont M. le professeur Saunier vient de se faire l'interprète si chaleureux, j'exprime toute ma reconnaissance ; je l'exprime aussi à mon élève et ami Bernard pour les paroles sympathiques qu'il vient de m'adresser au nom des vétérinaires civils.

Les organisateurs de cette fête ont eu la bonne pensée de rendre l'ovation d'aujourd'hui commune à M. Nocard et à moi. J'en suis heureux, car c'est là un honneur bien mérité. Notre jeune collègue d'Alfort a fait un acte des plus méritoires, en effet, quand il a accepté la redoutable mission d'aller faire en Égypte les recherches dangereuses que comportait l'étude du choléra. Dangereuses ! l'événement ne l'a que trop prouvé, puisqu'un des leurs est tombé victime de son dévouement à la science. M. Nocard est parti, avec ses amis, de propos délibéré ; il savait tous les périls qu'il avait à courir, et il n'a pas hésité.

Son amour pour sa fille n'a pas été plus fort que ce qu'il a considéré comme son devoir du moment où M. Pasteur lui avait fait l'insigne honneur de le choisir pour prendre part aux travaux de la mission qui, dans l'histoire de la science, conservera le nom du Maître. Cet honneur, M. Nocard l'a courageusement accepté, et je me fais un devoir de proclamer qu'en agissant ainsi M. Nocard a bien mérité de la science, qu'il a bien mérité de la patrie ; qu'il a bien mérité enfin de notre profession, qui a la fierté d'avoir eu un représentant dans une mission qu'on peut appeler glorieuse. Nous devons applaudir à la récompense par laquelle le gouvernement vient de reconnaître la part qu'il a prise à la mission Pasteur. Il était de toute justice que la croix que l'on donne au soldat qui se met hors de pair par sa bravoure, fût accordée aux jeunes missionnaires qui ont poussé jusqu'au sacrifice possible de leur vie leur dévouement à la science.

Je finis, Messieurs, en vous exprimant à tous ma reconnaissance profonde pour ce grand témoignage de sympathie que vous venez de me donner. Mais ce grand honneur fait à l'un des vôtres que vous fêtez aujourd'hui, je ne dois pas l'accepter pour moi tout entier; je le rapporte à mes devanciers; je le rapporte à mes maîtres; je le rapporte à mes contemporains, à tout cet ensemble d'efforts convergents qui ont constitué la science vétérinaire dans toutes les parties dont elle est l'ensemble et l'ont rendue digne de prendre sa place à côté de toutes les autres dans l'Académie des sciences de l'Institut de France.

Au moment où la séance allait être levée, M. Weber, président du Comité d'organisation, s'est exprimé en ces termes :

Messieurs,

Je vais vous paraître sans doute bien téméraire de prendre la parole après les discours que vous venez d'entendre. Mais, en ma qualité de président du Comité d'organisation de cette belle fête, je veux vous remercier, vous tous, mes chers confrères, du concours enthousiaste que vous nous avez donné; et, au nom de nous tous, j'exprime à M. Pasteur nos sentiments de reconnaissance pour l'honneur qu'il nous a fait en acceptant l'invitation que nous lui avons adressée de présider ce banquet.

Maintenant, Messieurs, je crois répondre au sentiment général en vous proposant de consacrer par une médaille commémorative, frappée à l'effigie de notre cher maître et portant la date d'aujourd'hui, le souvenir de l'événement heureux qui nous a réunis dans cette fête confraternelle.

Je me fais un devoir de vous dire, en terminant, que, si elle a si bien réussi, nous le devons, pour une grande part, au concours désintéressé que nous a prêté M. Houzeau, le représentant de la librairie Asselin.

La proposition de M. Weber, ayant trouvé dans l'assemblée un assentiment général, fut mise aussitôt à exécution. L'appel fait à tous nos confrères de France et de l'étranger a été entendu, et nous serions heureux de pouvoir citer quelques-unes des lettres touchantes que nous avons reçues à cette occasion. De toutes les parties de l'Europe, de l'Amérique même, nous sont parvenues des adhésions chaleureuses qui prouvent jusqu'à quel point le nom de M. Bouley est sympathique à tous.

Nous avons confié à M. Roty, artiste de grand talent, le soin de concevoir et d'exécuter la médaille. M. Roty a fait une œuvre d'art véritable qui a mérité les suffrages des hommes compétents.

LISTE DES CONVIVES

Invités.

{
MM. Pasteur.
H. Bouley.
E. Nocard.
Léon Renault.
Leblond, chef de division au Ministère de l'agriculture.
Valéry Radot.
Aubin.
Dᵣ Meuriot.
}

Élèves de l'École d'Alfort.

{
MM. Dassonville.
Drapier.
Dupuy.
Flamichant.
Godbille.
Janné.
Sarrazin.
Stahl.
}

Commission. {

MM. Weber, rue de Bourgogne, 43, Paris.

Blanc, rue de Sèze, 9, Paris.

Baron, professeur à l'École d'Alfort.

Capon, vétérinaire principal de 1re classe.

Mollereau, à Charenton-le-Pont.

A. Asselin, éditeur, place de l'École-de-Médecine.

L. Houzeau, éditeur, place de l'École-de-Médecine.

MM. Alexandre, vétérinaire à Paris.

Bardet, vétérinaire, rue du Colysée, 44.

Baron père.

MM. Barrier, professeur à l'École d'Alfort.

Barry, vétérinaire à Paris.

Barthelet, vétérinaire au dépôt de
remonte de Paris.

Barthez, rue Grénéta, Paris.

Bellon, de Neuilly.

Benjamin (H.), rue de Normandie, 6,
Paris.

Béraud, rue Fontaine-au-Roi, 7,
Paris.

Bernard, député du Nord.

Bizot, vétérinaire principal de 1re
classe.

Berthe, de Saint-Denis.

Borgnon père, à Couilly (Seine-et-
Marne).

Borgnon fils, à Couilly (Seine-et-
Marne).

Bouchard.

Bouley (Dr Paul), rue des Saints-
Pères, 61, Paris.

MM. Bourrel, rue Fontaine-au-Roi, 7, Paris.

Boutier, vétérinaire au 7ᵉ cuirassiers;

Brosse, rue du Faubourg-Poissonnière, 19.

Brun, rue Casimir-Périer, 9, Paris.

Buffeteau, de Nangis.

Cadiot, répétiteur à l'École d'Alfort.

Caffin, de Pontoise.

Cagnat, de Saint-Denis.

Cagny père, à Senlis.

Cagny fils, à Senlis.

Capon, vétérinaire principal de 1ʳᵉ classe.

Cérémonie père, rue de Ponthieu, 50.

Cérémonie fils, rue de Ponthieu, 50.

Chaillous, de Bourg-la-Reine.

Chardin, vétérinaire à l'École de guerre.

Chenot, vétérinaire au 13ᵉ d'artillerie.

MM. Chuchu, rue de Crimée, 167, Paris.

Clerget, vétérinaire en 1ᵉʳ à l'École de Saint-Cyr.

Comény, vétérinaire au 16ᵉ dragons.

Decroix, vétérinaire principal en retraite.

Delahaye, vétérinaire en 1ᵉʳ au 11ᵉ chasseurs.

Desban, de Courbevoie.

Duchenne, rue d'Allemagne, 139, Paris.

Dumilatre, avenue d'Italie, 65, Paris.

Duplessis, vétérinaire principal en retraite.

Duquesne rue de Rivoli, 168, Paris.

Farges, rue de la Pépinière, 20, Paris.

Fouchet, vétérinaire à Paris.

Garcin, rue Cambacérès, 17.

Gayot, rue Nollet, 61, Paris.

Gibier (Paul), chef du laboratoire du Muséum.

MM. GRAMAIN, de Courbevoie.

GRENOT, rue de Flandre, 65, Paris.

GOUBAUX, directeur de l'École vétérinaire d'Alfort.

GOUSSU, de Meulan.

GUÉRIN, rue Joubert, 13, Paris.

GUILLEMARD, rue de Citeaux, 37, Paris.

GURY, vétérinaire militaire en retraite.

HURPEZ, vétérinaire à la garde républicaine.

JOSIAS (D^r ALB.), chef de clinique de
la Faculté.

LANDRIN, rue des Vinaigriers, 6,
Paris.

LAQUERRIÈRE, rue du Val-de-Grâce,
18.

LARCHER (D^r), Grande-Rue, Passy.

LAVALARD, directeur de la cavalerie
des Omnibus.

LAVEDAN, à Boulogne-sur-Seine.

MM. Lazardeux, de Savigny.

Leblanc (C.), avenue Malakoff, 68.

Legouez, rue Brezin, 13, Paris.

Lenglen, rue de Rome, 74, Paris.

Lenoir, vétérinaire en 1er au 14e dragons.

Lepinte, vétérinaire en 2e au 13e d'artillerie.

Lorioz, avenue d'Orléans, 85, Paris.

Lourdel, rue Monge, 115, Paris.

Maitre, de Vincennes.

Mallet, rue de Flandre, 65.

Maraux, de Magny.

Masquilier, rue de Thorigny, 13, Paris.

Mathieu (Ch.), de Sèvres (Seine-et-Oise).

Mégnin, vétérinaire en 1er au 12e d'artillerie.

Ménard (S.-Y.), rue Charles-Laffitte, 102, Paris.

MM. Monjauze (Ad.), rue de Penthiè-
vre, 10.

Monjauze (G.), rue de Penthiè-
vre, 10.

Morot, vétérinaire sanitaire à Troyes
(Aube).

Moulé, rue d'Assas, 132, Paris.

Mullet, rue Riquet, 14, Paris.

Nigon, rue de La Chapelle, 93, Paris.

Palat, rue du Chemin-Vert, 62,
Paris.

Perraud.

Petit, avenue d'Italie, 65, Paris.

Pochet, de Saint-Germain.

Poret, rue Saint-Honoré, 155.

Railliet, professeur à l'École d'Alfort.

Rassat, vétérinaire en 1er à l'École
de guerre.

Raymond (D^r), professeur agrégé à la
Faculté de Médecine.

MM. Regnauld, rue du Faubourg-Saint-Martin, 213, Paris.

Robcis, rue du Faubourg-Saint-Martin, 166.

Rochard, à la Commission d'hygiène hippique.

Ruffin, rue Raynouard, 51, Paris.

Saunier, professeur à l'École d'Alfort.

Sénécal, au Raincy (Seine-et-Oise).

Servoles (D^r), secrétaire de la Commission d'hygiène hippique.

Signol, rue de la Bienfaisance, 34.

Simon, rue de Flandre, 65, Paris.

Simon (Paul), rue de Pontoise, 1, Paris.

Tayon, boulevard Voltaire, 201.

Thery, répétiteur à l'École d'Alfort.

Taurines, inspecteur principal du service de la boucherie.

Trasbot, professeur à l'École d'Alfort.

MM. Varoquier, rue Saint-Georges, 19.

Verrier, de Provins.

Vigier, rue de Lille, 45.

Vignardou, répétiteur à l'École d'Alfort.

Warnesson, à Versailles.

Watrin, rue du Champ-de-Mars, 25, Paris.

Yvon, ex-chef de service à l'École d'Alfort.

Immédiatement après la réunion du 26 janvier, la lettre suivante était envoyée par les soins du Comité à tous les vétérinaires de France.

Monsieur et cher Confrère,

Le 26 janvier dernier, un banquet a été offert à M. H. Bouley, sous la présidence de M. Pasteur, pour célébrer l'honneur insigne que l'Académie des Sciences venait de faire à notre Maître, en le nommant son Président pour l'année 1885.

Cette manifestation ayant dû suivre de très près l'élection pour conserver son à-propos, le nombre de ceux qui ont pu y prendre part s'est trouvé forcément limité aux Professeurs de l'École d'Alfort et aux Vétérinaires civils et militaires des trois départements de la Seine, Seine-et-Oise et Seine-et-Marne.

Avant de se séparer, les assistants à ce banquet ont exprimé le vœu unanime qu'une médaille commémorative perpétuât le souvenir de l'événement glorieux pour notre profession qui venait d'être fêté ; et nous avons pensé que ce serait répondre au sentiment général de la grande famille vétérinaire que de convier tous ses Membres à se joindre à nous pour offrir au savant Maître, dont un grand nombre de nous sont les élèves, et dont, tous, nous nous honorons, un témoignage d'affectueux respect et de reconnaissance pour son œuvre scientifique et professionnelle.

Nous venons, en conséquence, cher Confrère, vous demander votre concours pour la réalisation du programme suivant :

1° Offrir à M. H. Bouley une médaille, d'une grande valeur artistique, frappée à son effigie, et portant le millésime de l'année où les suffrages de l'Académie des Sciences ont appelé au fauteuil de la présidence le représentant de la Science Vétérinaire dans cette grande Assemblée ;

2° Donner à chaque souscripteur une reproduction en bronze de cette médaille, gravée à son nom, et un exemplaire du compte rendu de la fête du 26 janvier, avec la liste de tous nos adhérents.

Nous consacrerons ainsi et nous perpétuerons le souvenir d'un événement dont nous ressentons tous un légitime orgueil.

Veuillez agréez, Monsieur et cher Confrère, l'assurance de nos meilleurs sentiments.

Les Membres du Comité d'organisation :

BARON, Professeur à l'École d'Alfort.
BLANC, Vétérinaire à Paris.
CAPON, Vétérinaire principal de 1re classe.
MOLLEREAU, Vétérinaire à Charenton.
WEBER, Vétérinaire à Paris.

P. S. — Le prix de la souscription est fixé à 16 francs.

Les adhésions doivent être adressées, dans le plus bref délai, à M. L. Houzeau, maison Asselin et Cie, place de l'École-de-Médecine, Paris.

Mais désireuse d'appeler aussi nos confrères de l'étranger à participer à la souscription de la Médaille, la Commission les y invita en ces termes :

MONSIEUR ET CHER CONFRÈRE,

Nous avons l'honneur de vous communiquer la Circulaire que nous avons adressée à tous nos confrères de France, à l'occasion de l'élection de notre Maître, M. H. Bouley au fauteuil de la Présidence de l'Académie des Sciences de l'Institut de France.

Si vous vouliez donner votre concours à notre projet, nous en serions très honorés ; et votre acquiescement, par le caractère d'universalité qu'il lui imprimerait, en grandirait l'importance.

Veuillez agréer, Monsieur et honoré Confrère, l'assurance de nos meilleurs sentiments.

Les Membres du Comité d'organisation :

BARON, Professeur à Alfort.

BLANC, Vétérinaire à Paris.

MOLLEREAU, Vétérinaire à Charenton.

CAPON, Vétérinaire principal de l'Armée.

WEBER, Vétérinaire, *Président*, rue de Bourgogne, 43, Paris.

Les efforts de la Commission furent couronnés d'un succès complet, puisque en quelques mois elle avait réuni de nombreuses adhésions.

Nous donnons plus loin les noms des souscripteurs.

Le 26 janvier 1885, cette médaille a été remise à M. Bouley, en présence de sa famille, par les membres du Comité de souscription, auxquels étaient venus se joindre une députation des vétérinaires de l'armée de Paris, et M. Decroix, ex-vétérinaire principal. M. Roty, l'artiste distingué qui a conçu et exécuté cette médaille, M. Paul Gibier, aide-naturaliste, attaché à la chaire de pathologie comparée au Muséum, et MM. Asselin et Houzeau, assistaient à cette cérémonie tout intime.

M. Weber, président du Comité de souscription, se faisant l'interprète des sentiments de tous, a adressé à M. Bouley l'allocution suivante :

« Cher Maitre,

« Nous venons vous offrir, au nom de nos souscripteurs, la médaille qui doit perpétuer le souvenir de votre nomination de Président de l'Académie des sciences en 1885. Mais avant de vous la remettre, permettez-nous de vous faire remarquer qu'au point de vue artistique, cette médaille est bien à la hauteur du grand événement qu'elle doit rappeler; elle sort, vous le savez, des mains d'un artiste aussi habile que distingué, qui a apporté dans son exécution tous les soins dont il est capable. et qui, de plus, a mis à la disposition de notre Comité un dévouement et un désintéressement dont nous ne saurions trop le louer et le remercier.

« A côté de ce mérite, notre médaille a celui de vous donner la mesure de l'admiration et de la sympathie de nos souscripteurs, non seulement nationaux, mais encore de presque tous les pays civilisés : Suisse, Angleterre,

Amérique, Belgique, Espagne, Portugal, Autriche, Italie, Pays-Bas, Russie, Valachie, etc., qui ont accueilli avec le plus grand enthousiasme, l'idée que nous avons eue de faire frapper cette médaille et de vous l'offrir.

« Si nous avions à faire ici votre éloge, nous le pourrions sans grande peine, il nous suffirait pour cela de reproduire quelques-unes des lettres qui nous ont été adressées par nos confrères de l'étranger, pour nous remercier, dans les termes les plus chaleureux, d'avoir pensé à les associer à notre grande manifestation. Ces démonstrations prouvent à quel point notre souscription répondait à la pensée de nos confrères français et étrangers, et combien elle a trouvé d'écho dans tous les cœurs.

« Notre médaille aurait dû vous être consacrée tout entière, et s'il n'en est pas ainsi, vous seul en êtes cause et nous voulons vous en laisser la responsabilité.

« Si elle rappelle la grande découverte à

laquelle vous avez donné le nom de *vaccination nouvelle*, et dont vous vous êtes fait l'apôtre si convaincu et si chaleureux dans vos leçons et vos articles du *Recueil vétérinaire*, c'est vous, il faut bien qu'on le sache, qui avez voulu vous effacer modestement et laisser une grande place à l'illustre savant qui nous a fait l'honneur d'assister à notre fête et de la présider.

« Nous avons cédé à vos instances en acceptant la composition telle qu'elle est, elle rappelle la gloire d'un autre maître qui a bien droit aussi à notre admiration et à notre reconnaissance.

« Avant tout, nous avions le devoir de vous être agréables et de sacrifier nos idées aux vôtres, c'est pour cela que nous avons adopté le dessin rappelant les bienfaits de la vaccination nouvelle et portant en exergue le vers latin qui la consacre :

Arte nova Pastor pecorum contagia vincit.

« Permettez-nous d'ajouter que l'artiste, M. Roty, a voulu que cette médaille vous fût présentée sous ses deux faces à la fois, et il a résolu ce problème en en réunissant deux dans le même écrin.

« Nous sommes heureux, cher Maître, d'avoir concouru à organiser cette manifestation de la grande famille vétérinaire, et d'avoir été chargés de vous offrir cette médaille; recevez-la donc de nos mains comme un témoignage non seulement de notre admiration pour votre talent, de notre affection et de notre estime pour votre personne, mais encore comme un gage du bon souvenir que nous garderons tous de notre belle et grande fête du 26 janvier 1884 qui ne nous a laissé qu'un regret, celui que tous nos souscripteurs n'aient pu y assister. »

Voici comment M. Bouley s'est exprimé en répondant à M. Weber :

« Mes chers Amis,

« Dans les paroles si affectueuses que mon ami Weber vient de m'adresser, au nom des souscripteurs à la médaille commémorative qu'il vient de me remettre, une chose m'a tout particulièrement ému : c'est la part qu'ont prise à cette souscription les vétérinaires de tous les pays étrangers ; et en parlant ainsi, je n'obéis pas à un sentiment de vanité ou, pour parler plus juste, d'orgueil personnel.

« Ce qui m'émeut dans cette manifestation, c'est qu'elle témoigne de l'esprit de solidarité qui règne dans notre monde professionnel et de l'orgueil légitime dont tous sont animés, quand un événement heureux comme celui dont cette médaille consacre le souvenir, rehausse notre profession dans l'estime du monde entier.

« Je puis parler de cet événement avec une complète indépendance car il n'est pas mon œuvre exclusive ; il est une résultante. Si la médecine vétérinaire n'avait pas accompli, par le concours d'un grand nombre de ses membres, les grands progrès qui signalent particulièrement ces vingt dernières années, seul je n'aurais pas pu prétendre à cet honneur suprême d'être appelé à m'asseoir dans le fauteuil de la présidence de l'Académie des Sciences.

« Ceci, mes chers amis, m'appelle tout naturellement à m'expliquer sur le motif qui m'a déterminé à associer l'événement dont vous consacrez le souvenir par cette médaille, à la grande découverte de l'inoculation préventive des maladies par les virus atténués. C'est qu'en effet, Messieurs, ce n'était que justice : M. Pasteur est notre maître à tous, et c'est un titre dont les vétérinaires ont le droit de se prévaloir d'avoir été les premiers et les plus actifs promoteurs de la grande réforme médicale dont il a été l'initiateur. Vous venez de rappeler, mon cher Weber, la part que j'ai prise à ce mouvement, comme professeur du Muséum et rédacteur du *Recueil;* si elle a eu quelque importance, c'est à M. Pasteur que je me plais à en rapporter le mérite, car je n'ai été que l'écho de sa pensée, et c'est à elle que mes leçons doivent l'originalité dont elles peuvent être marquées. Si je n'avais eu à ressasser dans mes leçons que la longue série des anciennes banalités sur les *causes*, j'aurais décliné l'honneur de l'enseignement qui m'a été confié sur le tard; je ne l'ai accepté que parce qu'il devait m'être un moyen de propager *l'idée nouvelle* du haut d'une chaire de l'enseignement supérieur. Voilà pourquoi, mes chers amis, le professeur de pathologie comparée du Muséum a désiré que la médaille dont vous lui faites l'honneur, rappelât le souvenir de la grande découverte de la *vaccination nouvelle*. Nous devions cet hommage au maître dont je suis le disciple dévoué et convaincu.

5

« Cela dit, mes chers amis, je me fais un devoir d'exprimer ici mes sentiments de profonde reconnaissance à tous ceux qui se sont associés à votre œuvre et me donnent aujourd'hui, par votre intermédiaire, ce haut témoignage d'estime et d'affection. Si, dans une carrière déjà longue, tout entière consacrée à la science et à la profession dont je m'honore, il m'a été donné de faire quelque chose d'utile, je ne pouvais pas en recevoir une plus belle récompense.

« J'oublierais d'être juste envers tout le monde si, en terminant, je n'adressais ici des félicitations au nom de tous les souscripteurs, dont vous êtes les intermédiaires, à l'habile artiste, M. Roty, à qui vous avez confié le soin de graver cette médaille ; il en a fait une œuvre d'art véritable, et je ne doute pas qu'à l'Exposition prochaine, où le public pourra juger de sa valeur, elle ne mérite à son auteur les plus honorables distinctions.

« A tous, merci de nouveau. Croyez à ma bien grande et bien sincère gratitude. »

En sa qualité de Président de la Commission, M. Weber fut chargé d'aller offrir à M. Pasteur le souvenir de la fête du 26 janvier. Il lui exprima en quelques mots les remerciements et la gratitude des vétérinaires pour l'honneur qu'il avait bien voulu leur faire en acceptant de présider leur réunion.

En priant M. Pasteur d'accepter la médaille commémorative, il lui fit remarquer qu'elle rappelait, à son revers, sa grande découverte de l'inoculation préventive des maladies par les virus atténués parce que M. Bouley avait tenu à associer ce grand fait au souvenir de son élection à la présidence de l'Académie des sciences, et, cédant à cette bonne pensée, la Commission a été heureuse de manifester une fois de plus à M. Pasteur son admiration et sa reconnaissance.

M. Pasteur a répondu :

« En associant mon nom au sien sur la médaille qui portera à la postérité le souvenir de sa nomination à la présidence de l'Académie des sciences, M. Bouley fait preuve d'une modestie qui me touche profondément. Je l'en excuse et l'en remercie en pensant qu'elle lui permet de dire, avec un tact exquis, que le professeur de pathologie comparée du Muséum d'histoire naturelle a eu, l'un des premiers, le sens intuitif d'un grand progrès en se montrant l'ardent défenseur de la découverte de l'atténuation des virus et de leurs cultures artificielles.

« Je vous prie, Monsieur Weber, de lui transmettre nos communes félicitations et l'expression de la conviction où je suis que le corps vétérinaire tout entier est fier de lui. »

Un autre exemplaire de la médaille commémorative a été offert à M. le Ministre de l'agriculture, au nom des souscripteurs.

En remettant, le 6 février dernier, cette médaille à M. le Ministre, M. Weber lui a exposé dans quelles circonstances le projet en avait été arrêté et voté.

« La profession vétérinaire avait voulu, a-t-il dit, consacrer de cette manière le souvenir d'un événement dont elle s'honore tout entière dans la personne de celui qui est son représentant à l'Académie des Sciences. » M. Weber a ajouté que « la Commission de souscription, désirant donner à M. le Ministre un témoignage de reconnaissance pour sa sollicitude à l'égard des hommes et des choses de notre profession, avait fait frapper en son nom un exemplaire de la médaille commémorative de M. Bouley et l'avait chargé de la lui offrir. » M. le Ministre a répondu à M. Weber qu'il était très sensible à la démarche qu'il faisait auprès de lui, et qu'il le priait de transmettre ses remerciements à ses confrères, en leur donnant l'assurance du grand plaisir que lui faisait l'offre de cette médaille, qui rappelle le talent et les brillantes qualités de l'Inspecteur général des Écoles vétérinaires.

Faisant allusion à l'Ordre du Mérite agricole, M. le Ministre a dit à M. Weber qu'il était heureux que l'institution de cet ordre lui ait donné le moyen de récompenser un plus grand nombre de vétérinaires de leur zèle et de leur dévouement à la science et au gouvernement de la République.

Il a ajouté qu'il était fort préoccupé, en ce moment, de l'importante question de l'organisation de l'exercice de la médecine vétérinaire civile, et qu'il espérait que dans un avenir qui ne serait pas fort éloigné, cette question recevrait une solution favorable aux intérêts de la profession vétérinaire, qui sont du reste parfaitement concordants avec ceux de l'agriculture. « Je ferai tous mes efforts, a dit M. le Ministre en terminant, pour que les vœux très légitimes des vétérinaires reçoivent satisfaction. »

M. Weber a remis aussi, au nom du Comité de souscription, des médailles frappées, à leur nom, à M. Tisserand, directeur de l'agriculture, et à M. Leblond, chef de la division de l'enseignement agricole et vétérinaire qui, tous les deux, ont été très sensibles à cette démarche et ont prié M. Weber de transmettre leurs remerciements aux souscripteurs.

Au moment de terminer l'impression de cette brochure, nous apprenons avec le plus grand plaisir que la médaille de M. Bouley a valu à son auteur, M. Roty, au Salon de 1885, la plus haute récompense (*médaille de 1re classe*) qui puisse être décernée dans la section de gravure.

Cette distinction n'avait été obtenue par aucun artiste graveur *depuis 46 ans.*

LISTE DES SOUSCRIPTEURS

A LA MÉDAILLE OFFERTE

A M. H. BOULEY

La Société vétérinaire de la Seine-Inférieure et de l'Eure.

La Société vétérinaire de Lot-et-Garonne.

La Société vétérinaire de l'Ouest.

La Société vétérinaire d'Alsace-Lorraine.

La Société vétérinaire de Liège.

L'Écho vétérinaire de Liège.

MM. Asselin et Houzeau, libraires-éditeurs à Paris.

Liautard, à New-York.

Bagge, professeur à l'École vétérinaire de Copenhague.

Bara (colonel Henri), à San Salvador.

Baranski (Ant.), Professeur à l'École vétérinaire de Lemberg.

MM. Cardoso (M.-J.), à Porto.

Contamine, vétérinaire du Gouvernement, à Péruwelz.

Degive, Professeur à l'École vétérinaire de Cureghem-lès-Bruxelles.

Dubois, Professeur à l'École militaire d'Ypres (Belgique).

Fischer, à Luxembourg.

Fleming, vétérinaire principal de l'armée anglaise, à Londres.

Forgo (Alves) junior, à Porto.

Gratia, Professeur à l'École vétérinaire de Cureghem-les-Bruxelles.

Herzog (Hans), à Langenthal.

Imlin, à Strasbourg.

Jacops, président de la Fédération vétérinaire de Belgique.

Kadji (Henri), professeur à l'École vétérinaire de Lemberg.

Kretrowicz (Paul), professeur à l'École vétérinaire de Lemberg.

MM. Laho, professeur à l'École vétérinaire
de Cureghem-lès-Bruxelles.

Listich (A.), à Lemberg.

Locusteano, directeur de l'École vétérinaire de Bucharest.

Lydtin (D^r), Carlsruhe.

Mandel, à Mulhouse.

Neiman (Ivan) (D^r), vétérinaire en
chef de Bulgarie.

Reech, à Colmar.

Puetz, à Halle.

Schmonlewitsch (D^r), à St-Pétersbourg.

Seifmann, directeur de l'École vétérinaire de Lemberg.

Sjostedt, vétérinaire à Stockholm.

Wehenkel, directeur de l'École vétérinaire de Cureghem-lès-Bruxelles.

Willems (D^r), à Hafselt.

Wirtz, directeur à l'École vétérinaire
d'Utrecht.

Zündel, à Strasbourg.

MM. Abadie (B.), à Nantes.

Abert, au 5ᵉ cuirassiers.

Adrian, au 23ᵉ d'artillerie.

Alexandre, à Paris.

Alasonière, à la Roche-sur-Yon.

Alinot, à Saint-Ouen-l'Aumône.

Alix, au 11ᵉ hussards.

Alleq, à Gap.

André, à Hyères.

Aubert, au 8ᵉ dragons.

Aubry, à la Guerche-de-Bretagne.

Audebert, à Wailly.

Augère, au 9ᵉ d'artillerie.

Augier, au service de l'artillerie d'Alger.

Aumignon père, à Châlons-sur-Marne.

Aureggio, au 11ᵉ d'artillerie.

Arloing, professeur à l'École vétérinaire de Lyon.

MM. Baillet, directeur de l'École vétérinaire de Toulouse.

Baillet, à Bordeaux.

Barbe, à Rochefort-Montagne.

Barbey, à Mosles.

Baron, professeur à l'École vétérinaire d'Alfort.

Barret, au 20e dragons.

Barrier, professeur à l'École vétérinaire d'Alfort.

Barry, à Paris.

Barthélemy, à Paris.

Barthelet, au Dépôt de remonte de Paris.

Baudeloche, à Rethel.

Baudry, à Vermenton.

Beau, au 17e d'artillerie.

Beaufils, à Paris.

Beaufils, à Saint-Lô.

Beaumont, à Auxonne.

Becker, au 23e dragons.

Bellon, à Neuilly-sur-Seine.

MM. Benjamin, à Paris.

Berbain, à Nancy.

Bergeon, à Nice.

Bernard, député du Nord.

Bernard, au 2ᵉ cuirassiers.

Bernot, à Provins.

Beurnier, au 17ᵉ escadron du train.

Bidaud, professeur à l'École vétérinaire
    de Toulouse.

Bigoteau, à Auneau.

Biot, à Pont-sur Yonne.

Bizard, au 2ᵉ du génie.

Bizot, vétérinaire principal de 1ʳᵉ classe.

Blanc, à Paris.

Blin, à Avranches.

Boelmann, au 2ᵉ dragons.

Boisse, au 11ᵉ hussards.

Bonnel, au 7ᵉ hussards.

Bonnet, vétérinaire principal à Châlons-
    sur-Marne.

Bonnigal, à Vendôme.

MM. Bonzom, à Alger.

Borgnon père, à Couilly.

Borgnon fils, à Couilly.

Bouley (Paul) (D^r), à Paris.

Bourrel, à Paris.

Boutet père, à Chartres.

Bouvard, à Pithiviers.

Brémond, à Oran.

Brissy, au 10e dragons.

Brosse, à Paris.

Brousse, à Murre-de-Barrez.

Brun, à Paris.

Brun, à Marseille.

Brunot, au 15e chasseurs.

Bürck, au 35e d'artillerie.

Bürck, au 4e dragons.

Butel, à Meaux.

Cadiot, répétiteur à l'École d'Alfort.

Cagny fils, à Senlis.

Canu, au 6e hussards.

Capon, vétérinaire principal de 1re classe.

Caron, au 4e dragons.

MM. Carré, à Sens.

Carrère, au 13ᵉ chasseurs.

Cau, à Saleich.

Caudebec, à Pavilly.

Cazalas, aux fermes hippiques de Suippes.

Cérémonie père, à Paris.

Cérémonie fils, à Paris.

Chamolle, à Nogent-sur-Seine.

Chantareau, à Clermont.

Chardin, à l'École de guerre.

Charlier, à Boult-sur-Suippes.

Charon, au Dépôt de remonte de Caen.

Chassaing, à Pamiers.

Chautard, à Modane.

Chauveau, directeur de l'École vétérinaire de Lyon.

Chédor, à Alençon.

Chenot, au 13ᵉ d'artillerie.

Chenu, au 37ᵉ d'artillerie.

Choisy, au 1ᵉʳ du génie.

Chomel, au 1ᵉʳ dragons.

MM. Chuchu, à Paris.

Ciattoni, au 6ᵉ cuirassiers.

Cirotteau, à Poitiers.

Clerc, au 32ᵉ d'artillerie.

Clerc, au 9ᵉ hussards.

Clerget, à Givry-près-l'Orbize

Clerget, à l'École Saint-Cyr.

Clichy, à Janville.

Cluzet, à Saint-Étienne.

Collin, à Wassy.

Combaret, à Bourbon-Lancy.

Côme, à Château-du-Loir.

Comény, au 16ᵉ dragons.

Condamine, à la garde républicaine.

Coret, à Aubervilliers.

Cornevin, professeur à l'École vétérinaire de Lyon.

Cosson, à Villeneuve-l'Archevêque.

Cousin, à Condé-sur-Escaut.

Coutier, à Attigny.

Cresson-Descelers, à Montreuil-sur-Mer.

MM. Cros, à Pontivy.

Dagoureau, à Nangis.

Dambrine, à Agnez-les-Duisans.

Darreau, à Courtalain.

Decroix, vétérinaire principal en retraite, à Paris.

Delahaye, à Rouen.

Delamotte, au 12ᵉ d'artillerie.

Delbeuf, à Foissac.

Delbreil, au 5ᵉ dragons.

Delsol, à Mirande.

Deprez, à Abbeville.

Desbordes, à Sézanne.

Deschamps, médecin-major au 80ᵉ de ligne.

Devert, au 24ᵉ d'artillerie.

Deynaud, à Gensac.

Didry, à Montmédy.

Dieudonné, à Vic-sur-Seille.

Dop, à Sauveterre.

Dormoy, à Chaumont.

MM. Dreuilh , au Dépôt de remonte de Fon-
tenay - le-Comte.

Drouilly, au 1ᵉʳ chasseurs.

Dubois père, à Meaux.

Duliège, à Beaufort.

Duluc, à Bordeaux.

Dumas, au 18ᵉ escadron du train.

Dumilâtre, à Paris.

Duplessis, vétérinaire principal en retraite.

Dupon, au 8ᵉ d'artillerie.

Dupontreué, au 34ᵉ d'artillerie.

Duprez, à Montreuil-sous-Bois.

Durand, au Dépôt de remonte de Saint-
Jean-d'Angély.

Élèves de l'École d'Alfort (les).

Éloire, à La Capelle.

Farges, à Paris.

Féger, vétérinaire principal de 1ʳᵉ cl.

Ferrier, à Constantine.

Flacon, à Longuyon.

MM. Flamens, au Dépôt de remonte d'Agen.

Forthomme, à Harville.

Foucher, au Dépôt de remonte d'Angers.

Fouchet, à Paris.

Fourie, au 16ᵉ dragons.

Fournier, fermes hippiques de Suippes.

Fourrier, à Verdun.

François, au 13ᵉ d'artillerie.

Gaignard, à Chalonnes.

Galles, au 9ᵉ hussards.

Galtier, professeur à l'École vétérinaire de Lyon.

Garcin, à Saint-Quentin.

Garet, à Douai.

Gautier, au 10ᵉ d'artillerie.

Gayot, à Paris.

Genti-Corp, à Saint-Nazaire.

George, au 12ᵉ hussards.

Georges, à Épernay.

Georges, à Sainte-Ménehould.

MM. Germain, vétér. principal à Rennes.

Gervais, au 17ᵉ chasseurs.

Gervais (H), à Loudun.

Gibier (Paul) (Dʳ), à Paris.

Girard, vétérinaire sanitaire à Reims.

Goubaux, directeur de l'École vétérinaire d'Alfort.

Goudot, au Dépôt de remonte de Mâcon.

Goussu, à Meulan.

Grand, à Briénon.

Grandguillot, à Pouancé.

Grenier, au 26ᵉ d'artillerie.

Guillobey, au 4ᵉ dragons.

Guittet, à Angers.

Gury, à Paris.

Haiblet, au Dépôt de remonte de Bec-
Hellouin.

Hédieux, vétérinaire principal de 1ʳᵉ cl.
à Bordeaux.

Henry, au 14ᵉ chasseurs.

Hogué fils, à Nantes.

MM. Houdmont, à Segré.

Huart père, à Valenciennes.

Humbert, au 12ᵉ chasseurs.

Hurpez, à la garde républicaine.

Ingrand, au 15ᵉ chasseurs.

Jacoulet, à l'École de Saumur.

Janel, au 21ᵉ dragons.

Jarry, au 20ᵉ escadron du train.

Jaubart, au 15ᵉ chasseurs.

Jeannot, au 5ᵉ escadron du train.

Jolly-Girard, à Gien.

Joly, au 17ᵉ chasseurs.

Jousseaume, au 4ᵉ hussards.

Joy (Isidore), à Noisy-le-Sec.

Labat, professeur à l'École vétérinaire de Toulouse.

Laborie, au 23ᵉ d'artillerie.

Lacaze, au 14ᵉ d'artillerie.

Ladrey, à Lantenay.

Laffitte père, à Puymirol.

Lagrange, à Marquion.

MM. Lagriffoul, au 30ᵉ d'artillerie.

Lambert, à Montigny-sur-Aube.

Lamy, au 23ᵉ dragons.

Landrin, à Paris.

Lange, à Noyon.

Laporte, aux fermes hippiques de Suippes.

Laquerrière, à Paris.

Laugeron, à Niort.

Laulanié, professeur à l'École vétérinaire de Toulouse.

Laur, à Cahors.

Laurent, à Bar-le-Duc.

Lavedan, à Boulogne-sur-Seine.

Lebert, au Neubourg.

Le Bihan, à Fleury-sur-Andelle.

Leblanc (C.), à Paris.

Lebois, à La Rochelle.

Leclerc, à Loudun.

Lecohier, au 5ᵉ d'artillerie.

Lecornué, au Mans.

MM. Lefebvre, au Càteau.

Lefebvre, au Havre.

Legrand, au Havre.

Lemarchand, à Mathieu (près Caen).

Lenoir, au 14ᵉ dragons.

Lenoir, aux conducteurs d'artillerie sé-
négalais.

Lepinte, au 13ᵉ d'artillerie.

Letard, à Alençon.

Logeay, à l'École supérieure de guerre.

Louis, à Gondrecourt.

Lucet, à Courtenay.

Maffre, au Dépôt de remonte de Tarbes.

Magne, ancien Directeur de l'École
d'Alfort.

Mangenot, au haras de Rosières-aux-
Salines.

Manieux, au 23ᵉ dragons.

Mansuy, à Remiremont.

Marquis, à Louville.

Martin (Ch.), à Brienne.

MM. Martinot, à Bar-sur-Seine.

Marty, à Fontenay-le-Comte.

Masse, à Ploërmel.

Mathieu père, à Sèvres.

Mathieu, à Dieuze.

Mauri, professeur à l'École vétérinaire de Toulouse.

Maurice, vétérinaire principal à Besançon.

Mégnin, vétérinaire militaire en retraite.

Mellet, à Angers.

Menard (Saint-Yves), à Paris.

Méthion, au 20ᵉ dragons.

Meuriot (Dʳ), à Paris.

Mignon, à Puisaux.

Millot, à l'Isle-sur-Serein.

Milon, au 10ᵉ hussards.

Minette, à Compiègne.

Moinet, à Domart-en-Ponthieu.

Mollereau, à Charenton.

MM. Mongin, au 12ᵉ escadron du train.

Monjauze fils, à Paris.

Montagner, au 11ᵉ cuirassiers.

Montazau, au 2ᵉ d'artillerie-ponton-
niers.

Moreau (A), à Paris.

Morot, à Troyes.

Moser, à Neuilly-sur-Seine.

Mouchot, à Delme.

Moulade, à Ecassefort.

Moulé, à Paris.

- Müller, à Belfort.

Nain, au 30ᵉ d'artillerie.

Naraux, à Magny-en-Vexin.

Neyraud, au 14ᵉ escadron du train.

Neumann, professeur à l'École vétérinaire de Toulouse.

Nocard, professeur à l'École vétérinaire
d'Alfort.

Noquet, à Maroilles.

Palat, à Paris.

MM. Pascal, au Puy.

Pastré, à Toulon.

Paté, vétérinaire principal de 1re classe à Alger.

Paulin, à Saint-Dizier.

Pelletier, au 30e d'artillerie.

Percheron père, à Paris.

Perrée, au dépôt de remonte de Fontenay-le-Comte.

Perrey, au 4e d'artillerie.

Peteaux, professeur à l'École vétérinaire de Lyon.

Petit, à Paris.

Petit, au 20e dragons.

Petit, vétérinaire principal [en retraite au Blanc.

Peuch, professeur à l'École vétérinaire de Toulouse.

Philippe, à Rouen.

Pichon, à Château-Gontier.

Ply, à Buzancy.

Pochet, à Saint-Germain-en Laye.

MM. Poinot, au 4e hussards.

Pollet, à Lille.

Pommier, au 13e chasseurs.

Pons, au 10e cuirassiers.

Poupard, à Joigny.

Pourquier, à Montpellier.

Prieur, au 9e escadron du train.

Prince, au haras d'Angers.

Puissant (F.), à Beaune-la-Rolande.

Puthoste, au 17e chasseurs.

Railliet, professeur à l'École vétérinaire d'Alfort.

Rassat, vétérinaire principal à Paris.

Ratelade, au Dépôt de remonte de Guéret.

Régnard, à Hermonville.

Requier, à Paris.

Remondeau, au Blanc.

Renault (Léon), sénateur.

Revel, à Rodez.

Reydoite, à Montluçon.

Ribaud, au 14e dragons.

MM. Richet, au 26ᵉ d'artillerie.

Ripert, à Rennes.

Robcis, à Paris.

Robin (Dʳ Albert), à Paris.

Rochard, au 14ᵉ dragons.

Roinard, à Neuville-Ferrières.

Rohr, au 17ᵉ d'artillerie.

Rossignol, à Melun.

Rousseau, à l'École d'application de
Fontainebleau.

Roux (Dʳ), à Paris.

Rouzaud, vétérinaire des Haras de Per-
pignan.

Roy, au 12ᵉ d'artillerie.

Sagnier (H.), directeur du *Journal de
l'Agriculture*.

Saint-Cyr, professeur à l'École vétérinaire de Lyon.

Salle, vétérinaire militaire en retraite,
à Relizane.

Salonne, au 21ᵉ d'artillerie.

MM. Sanson (André), professeur à l'École nationale de Grignon et de l'Institut national agronomique.

Saunier, professeur à l'École vétérinaire d'Alfort.

Savary, à Villecresnes.

Savary, pharmacien à Amiens.

Scharemberger, au 32ᵉ d'artillerie.

Sénécal, au Raincy.

Senut, au 13ᵉ dragons.

Servoles, secrétaire de la commission d'hygiène hippique.

Sève, à Montivilliers.

Signol, à Paris.

Simon (P.), à Paris.

Soret, à Paris.

Souvigny, vétérinaire principal à Montpellier.

Suis, à Beaumont-de-Lomagne.

Surjus, au 2ᵉ spahis.

Taurines, à Paris.

Tayon, à Paris.

MM. Terrier, à Poussan.

Thierry (Émile), directeur de l'École d'agriculture de La Brosse.

Thomas, à Dammartin.

Thomas, au 10ᵉ hussards.

Tixier, vétérinaire en 1ᵉʳ, État-major de la place d'Alger.

Tostain, à Paris.

Tournant, à Bertincourt.

Toussaint, professeur à l'École vétérinaire de Toulouse.

Trasbot, professeur à l'École vétérinaire d'Alfort.

Trouillet, au 26ᵉ dragons.

Turquet père, à Méry-sur-Seine.

Valiton, au 2ᵉ hussards.

Varoquier, à Paris.

Verrier aîné, à Rouen.

Verrier jeune, à Rouen.

Vétérinaires (les) du 15ᵉ dragons.

Vétérinaires (les) du 9ᵉ cuirassiers.

MM. Vigier, à Paris.

Villain, à Évreux.

Villain, à Foucarmont.

Vincent, à Égreville.

Viney, à Saint-Ouen-l'Aumône.

Violet, professeur à l'École vétérinaire de Lyon.

Viseux, au 11ᵉ cuirassiers.

Warnesson, à Versailles.

Warnier, à Compiègne.

Watrin, à Paris.

Weber, à Paris.

Wiart, au 9ᵉ hussards.

Wira, à l'École supérieure de guerre.

Yvon, pharmacien à Paris.

Zimmermann, au 1ᵉʳ d'artillerie.

58826 Imp. Vᵉ Renou et Maulde, rue de Rivoli, 144, Paris.